KOUAKOU N'DA YAO ELIEZER

Bascule dès Aujourd'hui de Zéros en un Héros.

KOUAKOU N'DA YAO ELIEZER

Bascule dès Aujourd'hui de Zéros en un Héros.

CONVERGENCE EN INFINI

Éditions Croix du Salut

Imprint
Any brand names and product names mentioned in this book are subject to trademark, brand or patent protection and are trademarks or registered trademarks of their respective holders. The use of brand names, product names, common names, trade names, product descriptions etc. even without a particular marking in this work is in no way to be construed to mean that such names may be regarded as unrestricted in respect of trademark and brand protection legislation and could thus be used by anyone.

Cover image: www.ingimage.com

Publisher:
Éditions Croix du Salut
is a trademark of
International Book Market Service Ltd., member of OmniScriptum Publishing Group
17 Meldrum Street, Beau Bassin 71504, Mauritius
Printed at: see last page
ISBN: 978-613-7-37597-6

Bascule dès Aujourd'hui de Zéro en un Héros

Sous-titre : **CONVERGENCE EN INFINI.**

Ecrit par KOUAKOU N'DA YAO ELIEZER

2021

PARLONS ETUDES

« La Révélation est la matière première du changement ; tout progressiste aime le changement mais un changement par continuité. »

KOUAKOU N'DA YAO ELIEZER.

Préface

Décider d'être étudiant, étudiante, pendant une ou plusieurs années, c'est choisir une des voies possibles pour aller plus loin sur les plans personnel et professionnel. C'est une occasion d'approfondir ses connaissances, d'acquérir une façon d'apprendre. Ce livre constitue un outil pour vous aider à apprendre mais à apprendre selon DIEU. Il présente des stratégies pour améliorer vos habitudes d'étude et profiter pleinement de votre séjour au primaire, au collège et à l'université. Alliant spiritualité, les moyens suggérés sont concrets et efficaces. Ils aident à maîtriser les habiletés et permettent ainsi de faire face à l'exigence de votre formation universitaire avec plus de compétence, avec plus de confiance en soi. Ces stratégies ont été élaborées à partir de certaines de mes recherches faites dans le domaine estudiantin et ont été démontrées comme étant efficaces. La formule n'est cependant pas magique. La motivation à l'étude, la disponibilité à son projet de formation et un choix d'orientation approprié demeurent des éléments importants pour réussir ses études. Nous croyons que ce livre vous aidera à atteindre vos objectifs d'étude avec plus de plaisir et de satisfaction. Nous espérons qu'il sera pour vous un compagnon de route pendant votre passage au primaire, au collège ou encore à l'université.

Bonne lecture et bonne étude !

TABLE DE MATIERE

INTRODUCTION :

Les réveils en sursaut, la tête dans les wraps, la fatigue, les transports, les écouteurs dans les oreilles, les stylos, le bruit des bancs, les retrouvailles, les amis, les rigolades etc... On y est c'est la rentrée scolaire. Nous pouvons dire adieu aux réveils jusqu'à 12h, 13h ou encore 14h pour certains ; nous pouvons aussi dire adieu aux nuits blanches car les vacances sont finies.
Les années passées au primaire, au secondaire et à l'université peuvent compter parmi les plus intenses et les plus belles de la vie. Mais cette période peut aussi s'avérer déroutante, voire angoissante. Après tout, l'université représente un univers inconnu pour celui qui y atterrit, avec ses habitudes, ses codes, ses salles de cours bondées où le professeur semble bien loin... Six petites semaines après la rentrée, l'étudiant subit en rafale une série d'examens de mi session qui auront des répercussions importantes sur sa confiance en lui-même. Ces années sont riches mais elles passent vite, vite !
En fait, l'étudiant sera placé devant des choix qui auront souvent un effet déterminant sur la suite des choses. La réponse aux nombreuses interrogations qui le taraudent ne se trouve habituellement pas dans les ouvrages scolaires. C'est dans cet esprit que j'ai eu l'idée de répondre, le plus concrètement possible, aux questions ou aux défis qui se posent à celui qui pratique le métier d'étudiant. Dans la suite de cet ouvrage, vous aurez un ensemble de maximes que vous pourriez pratiquer en tant qu'étudiant afin de vous propulser dans une dimension supérieure et constante et vous démarquer de la masse de façon spectaculaire et être une personne particulière dans votre domaine d'étude et dans les domaines de vos recherches à venir.

Certes, ce livre s'adresse aux étudiants mais aussi aux élèves du primaire, du collège et aux professionnels.

PARTIE I :

De Zéro en un Héros

Chapitre 1 : Témoignage du jeune étudiant Christian

Amorçons ce livre par le témoignage du jeune étudiant Christian :

« En étant Chrétien, nous sommes témoins et nous devons témoigner de ce que Jésus a fait pour nous. Je crois qu'il y'a une puissance dans le témoignage. Je vais vous raconter une partie de mon témoignage concernant ma réussite à l'école avec Jésus.
Tout a commencé le 29 juillet 2015. C'était un jour tout à fait normal ; Je n'avais pas donné ma vie à Christ. Je n'étais pas vraiment croyant mais j'étais conscient que Dieu existait et malgré cela ça ne m'empêchait pas de vivre comme bon me semble. Ce jour-là, ma mère a eu un AVC devant mes yeux et tout était devenu sombre autour de moi. Je croyais que c'était un rêve mais ça ne l'étais pas. Ce jour-là, j'ai fléchi les genoux et j'ai crié à Dieu de sauver ma mère et il a exaucé ma prière.
Je pensais que c'était la fin des problèmes… mais non au contraire c'était le début.

La rentrée scolaire était proche, ma mère était à l'hôpital, j'étais seul à la maison et j'étais fils unique…
Je vous laisse un peu imaginer la galère dans laquelle je me trouvais. J'avais seulement ma bourse scolaire et il fallait payer le loyer, l'électricité, la nourriture, les vêtements etc… ce n'était pas suffisant pour tout gérer. J'étais seul à la maison et je jouais le rôle du père, de la mère et du fils parce que je devais m'occuper de toutes les charges, de toutes les commissions, de toutes les factures. Il fallait aussi que je m'occupe de ma mère à l'hôpital, il fallait que je gère ses documents de l'assurance maladie. De plus,

c'était une année scolaire décisive pour moi parce que je devais passer mon BTS et il ne fallait pas que je le rate.
Je sortais tous les jours à 7h, je finissais les cours à 18h ensuite j'allais à l'hôpital pour voir ma mère et je rentrais à la maison à 20h30-21h. A peine rentré, je tombais sur des factures, des factures et encore des factures… Il fallait faire à manger, faire mes devoirs, prier et aller dormir et le lendemain c'était repartie.

En bas de chez moi, il y'avait des dealers qui vendaient de la drogue et j'ai été tenté d'aller vers eux pour avoir l'argent facile et régler mes factures. J'ai demandé à Dieu ce que j'allais faire parce que là ça devenait fatiguant et il m'a dit 'Attends encore un peu' et j'ai attendu tranquillement chez moi.
Durant cette période j'ai déposé tout ce que j'avais devant le trône de Dieu et j'ai laissé sa main puissante agir. J'essayais de garder la tête haute devant mes camarades de classes et personne n'était au courant de ce que je vivais. Je donnais tout ce que j'avais pour réussir durant les contrôles et mes notes étaient plutôt bonnes. Mes conditions de vies et ma scolarité n'ont jamais été une excuse pour fléchir les genoux. Dieu voyant mes afflictions, il a mis devant moi des frères et sœurs qui m'ont beaucoup aidé dans la prière et jusqu'à présent je les remercie infiniment. Quelques mois après, ma situation a commencé à se débloquer. Suite à cela, mes factures ont été réglées, j'ai aussi appris qu'une voiture était envoyée mon nom. J'ai crié GLOIRE A DIEU.

Je pensais que c'était la fin du calvaire, mais non… ça ne faisait que commencer. Dès que j'ai eu la voiture. J'ai postulé pour un travail de nuit. Après les cours et j'ai dit à Dieu Si c'est ta volonté, alors donne-moi ce travail s'il te plait. Trois jours après, j'ai été embauché dans une entreprise de logistique avec des horaires de 22h à 5h du matin. Et lorsque j'ai vu les horaires, j'ai dit à Dieu 'Tu

es sûr que c'est toi qui m'a donné ça ? Parce que je te rappel que j'ai cours de 8h à 18h, j'ai des devoirs à faire et je dois dormir et il m'a clairement dit : « Oui ça vient de moi ! » Je vous assure que même moi j'étais choqué... Mais bon je n'ai pas cherché à trop comprendre. A peine je finissais le boulot à 5h, je rentrais à la maison, je me préparais pour 8h et dès que j'arrivais en cours, je dormais. J'avais du mal à suivre les cours mais je persévérais quand même malgré la fatigue car ma force venait du Saint-Esprit.
Les professeurs ne voyaient pas la réussite en moi parce que d'après eux : « Il était impossible de bosser la nuit à ces heures et d'enchainer avec les cours par la suite » surtout avec un examen à passer à la fin de l'année. Mais ils avaient oublié que je servais le Dieu de l'impossible **(Luc 1v37).** J'avais un examen avec un gros coefficient à passer et la veille j'avais travaillé de 22h à 5h... Normalement lorsque tu viens en retard c'est éliminatoire et moi j'étais venu en retard parce que je m'étais endormi à la maison et mon réveil à sonner plus de 10 fois mais je dormais toujours. 9h45... c'est l'heure où je me réveille sachant que l'examen est à 10h30 et j'habite à une heure de mon établissement. Je suis quand même allé avec la foi et pendant que je courais je disais à Dieu « Seigneur, fait quelque chose parce que je ne veux pas arriver en retard et être éliminer... » Lorsque je suis arrivé devant la porte, ils m'ont accepté et je suis rentré... Quel soulagement !! J'attendais les résultats avec impatience mais j'avais toujours cette peur au fond de moi qui me disais que c'est impossible que tu réussisses avec tout ton parcours.

Deux jours avant les résultats, je reçois un message d'un camarade de classe qui m'annonce que j'ai eu mon BTS... Au début j'ai cru qu'il rigolait mais non en fait il était sérieux ! Je suis allé regarder sur internet et j'ai vu mon nom affiché avec une mention ; sur le coup j'ai dit que ce n'est pas possible. J'ai frotté mes yeux, j'ai relancé la page internet et mon nom y était toujours… J'ai commencé à glorifier Dieu, j'ai appelé ma mère et elle était très fière de moi.

Depuis ce jour, je n'ai jamais cessé de le remercier pour sa fidélité. Mes professeurs qui ne croyaient pas en moi ont été surpris et ils ne disaient plus rien du tout.
Sachez une chose frères et soeurs, Dieu désire vous voir exceller à l'école et pour ça, il attend seulement que vous lui confié votre année scolaire. »

Je crois qu'à travers ce livre plusieurs d'entre vous basculeront dès aujourd'hui de zéro en un Héros, de la queue à la tête, de la médiocrité à l'élévation et réussiront leurs études et, je prie que l'échec ne soit pas à vos côtés dans le nom de notre SEIGNEUR JESUS CHRIST.

« La Foi en DIEU fait Basculer l'Homme de Zéro en un Héros. »

KOUAKOU N'DA YAO ELIEZER.

Chapitre 2 : Ton Changement, c'est maintenant :

I) Cher(e)s étudiant(e)s, réveil le Champion qui sommeille en Toi :

Si comme beaucoup d'entre vous exprimez au plus profond de vous, un cri de détresse au niveau de vos études, cela signifie qu'assurément le vrai vous en a assez de croupir à l'intérieur de vous et qu'il a décidé de sortir.

Quel étudiant consciencieux n'aimerait pas réussir ses études ? Mais comment faire pour ne pas passer loin du but en fin d'année? Sur cette question importante, le dicton populaire « qui veut aller loin ménage sa monture » est certainement vrai. Mais comment « ménager sa monture » dans ce domaine ? La réponse pourrait se résumer par ces trois « P » : Passion, Persévérance, Procédure.

En effet, durant mon parcours scolaire et bien évidemment, je continue encore les études d'ingénieur, j'ai compris une chose qui m'a profondément marqué l'esprit et changer ma manière de voir les choses ; En effet, j'aimerais que vous sachiez cher(e)s étudiant(e)s que nous pouvons tout faire en tant qu'étudiant ; c'est-à-dire, mettre nos efforts personnels en jeu, la persévérance en application, étudier mais s'il nous manque le SEIGNEUR JESUS CHRIST comme fondement ou socle principale dans nos études, laissez-moi vous dire, c'est l'échec totale et indubitable. Certains me poserons la question, et ceux ou celles qui ne sont pas Chrétien(e)s mais qui réussissent à tous les niveaux dans leurs études ? La réponse est toute simple, pour moi, réussir ses études, c'est par exemple décrocher son diplôme de licence tout en étant conscient que CHRIST fut le jalon de notre réussite.

Etudiant, le crie de frustration qui est à l'intérieur de toi signifie que tu en as assez des échecs, de limitations de la médiocrité, des préjugés négatives et dégradants. Ce cri de désespoir signifie que tu es désormais prêt à entrer à la possession de ton futur et à marquer ta génération tant niveau estudiantin qu'au niveau de ta vie futur professionnelle.

Ce cri de désespoir semble à priori négatif mais en réalité, il est le prérequis de grands accomplissements. Toutes les personnes qui sont entrées en possession de leur futur ont dû nécessairement en avoir assez de leur présent, quelqu'un a dit « votre victoire d'aujourd'hui peu devenir votre plus grand ennemi de demain ».

En effet, L'insatisfaction par rapport au présent pousse le monde à se poser des questions du futur. Etant étudiant, sachez que Vous existez pour un but bien précis car vous n'êtes pas le résultat du néant, ni le résultat d'un accident, la science prouve aujourd'hui que vous ne ressemblez à personne d'autre, que vous êtes unique et même votre salive vous permet de retrouver votre identité ; en effet, vous aviez été doté d'intelligence, d'aptitudes, de toutes sortes de talents que le créateur a déposé en vous afin que vous accomplissiez quelque chose de significative pour le bénéfice de l'humanité.

Le constat amère que j'ai faite, c'est que la plupart des étudiants ne manifestent pas ce qui est au-dedans d'eux parce qu'ils vivent une vie de frustrations et de limitation, se contentant de paraître au lieu d'être ; des spectateurs au lieu d'acteurs ; de subir les circonstances au lieu de les changer, de blâmer tout le monde au lieu d'assumer la responsabilité de leur propre destinée. Beaucoup font une discipline à l'école pour devenir une personne responsable dans l'avenir mais très peu déploie leur potentiel. Beaucoup d'étudiants sont retenus captives à cause des mauvaises habitudes qu'elles ont développées ; vos mauvaises habitudes ne sont que le reflet de votre second nature d'où la nécessité de revenir à l'original c'est-à-dire votre première nature car, une voiture est sensée fonctionner avec du carburant mais si vous en mettez de l'eau vous l'endommagez et si elle avait une conscience, elle serait frustrée.

Etes-vous aujourd'hui entrain de marcher dans l'accomplissement de votre vision estudiantin ou professionnel du rêve que DIEU a déposé en vous avant la fondation du monde ? Êtes-vous entrain de développer ou encore maximiser votre potentiel ? Sinon, sachez que vous avez tout ce qu'il vous faut pour vous sentir frustrer puisque le vrai vous n'est pas entrain d'être libéré. Hélas ! Mêmes statistiques révèlent que 80% des personnes aujourd'hui font un travail qu'ils n'aiment pas, qu'ils travaillent pour un patron qu'ils n'apprécient pas et seul dans un environnement qu'ils détestent.

Voyez-vous, chers étudiants, toutes graines contiennent en elles le potentiel pour devenir un arbre qui produit beaucoup de fruits, cependant, toutes les graines ne deviennent pas des arbres, certaines graines meurent à l'étape de semence, d'autres sont plantés dans de mauvaises terres et d'autres sont plantées dans une bonne terre, ces derniers sont entretenus et finissent par devenir des arbres qui portent beaucoup de fruits. Cette analogie s'applique bien évidement aux êtres humains, car chaque étudiant a en lui le potentiel de devenir une personne de distinction ; cependant, tous le ne deviennent pas; DIEU t'a déjà équipé de tout ce que tu en as besoin pour éclore dans ton domaine de prédilection, pour manifester ou encore révéler ce qu'il y a en toi mais dans la réalité très peu y parvienne d'où le célèbre adage, les endroits les plus riches sont les cimetières ; C'est là en effet que vous trouverez des rêves qui n'ont jamais été réalisés, des livres qui n'ont jamais été écrit, des inventions qui n'ont jamais été inventé, des talents qui n'ont jamais été exploités, des potentiels qui n'ont jamais été libérés parce que la plupart des gens (étudiants) repartent à la poussière sans jamais avoir libéré ce que DIEU avait enfoui au-dedans d'eux avant la fondation du monde ; c'est ma sincère conviction et je suis convaincu que beaucoup la partage.

Pour aller plus loin dans mes propos, j'ai fait en effet un constat amère que ceux ou celles qui étaient sensé(e)s nous dire la vérité c'est-à-dire nos enseignants concernant des points saillants en ont faire un camouflage ; cette vérité est la suivante, il est quasiment impossible et vraiment impossible de réussir certes dans sa vie estudiantine que dans sa vie quotidienne si vous mettiez au revers de votre main la spiritualité, c'est-à-dire vous deviez impérativement mêler vos études à la spiritualité. Lorsque je parle de spiritualité, je fais allusion simplement au Tout puissant, le maitre des cieux et de la terre DIEU qui t'aidera à atteindre tes objectifs et sera pour toi une protection indélébile.

Pour corroborer mes propos, je vous raconte ce que j'ai vécu lors d'une partie de ma formation dans l'un des pays de l'Afrique de l'ouest. En effet, comme je le disais, j'étais à une formation dans l'un des pays de l'Afrique de l'ouest et, pour moi, en ce temps-là, je badinais beaucoup, ne prenant rien au sérieux concernant les choses du monde spirituel , ni la prière et voilà qu'un jour je serai terriblement attaqué au environ de 19h dans ma chambre, j'habitais dans les logements d'étudiants et, comme pour tout étudiant, après certains cours, l'enseignant met en place une procédure de test appelé « interrogation ou devoir » afin de vérifier la capacité de rétention des étudiants, cette nuit, après avoir mangé à la cantine universitaire, j'ai décidé de me mettre en jambe pour les révisions puisque le lendemain je devais composer, je rentre en chambre et subitement, j'ai eu une migraine éclair qui transperça mon cerveau et après quelques secondes, cela avait stoppé ; je m'étais tout simplement dire, que cela pourrait être la fatigue ensuite, empruntant le chemin de ma table d'étude, je m'assis et décida d'ouvrir mes documents pour étudier, j'ouvre mes cahiers pour la révision, c'est là que je constatais que je n'avais plus le contrôle de ma personne, en effet, je ne sais pas comment vous expliquer et rendre cela plus explicite mais laisser-moi vous dire que le langage humain ne pourrait décrit textuellement ce que je vivais dans ma chambre ce jour-là, je décidais donc m'efforcer à réviser sans succès, j'avais l'impression de voir tout en envers à tel enseigne que 1+1 pour moi donnait 3 en un mot, j'étais atteint d'une démence et, durant un bon moment, je ne me portais pas bien et la santé me revenait de façon sporadiquement. Vu mon état en ce temps-là, j'avais ipso facto compris que nous vivons en effet dans un monde dominé par le spirituel et qu'il y a des esprits mauvais qui ont pour but de nous détruire tant au niveau estudiantin qu'au niveau de notre vie quotidienne donc, j'avais commencé à chercher avec toutes mes forces une protection surnaturelle qui pourrait me délivrer totalement de cette maladie spirituelle qui me fatiguait à outrance et me garder puis me combler de joie et je l'avais trouvé, son nom est le SEIGNEUR JESUS CHRIST, aujourd'hui j'ai une paix intérieur et une quiétude indescriptible qui me permet de réussir partout où je passe et dans ma vie de chaque jour, dans mes études et dans mes tâches quotidiennes. En effet, je sais que plusieurs, traverse ce genre de situation, si mon cas est un exemple parmi tant d'autres, sachez qu'il y a une solution pour vous et cette solution, moi j'ai l'ai trouvé en CHRIST.

Que tu sois étudiant musulman, animiste, bouddhiste etc, le plus important pour toi est de comprendre l'idée de ce livre et les panoplies de conseils énumérés à l'intérieur, d'en faire un mea-culpa et prendre une résolution certaines qui

changera ta vie et te permettra de basculer dès aujourd'hui de zéro en un Héros. Cette décision, elle est très simple, c'est d'accepter le SEIGNEUR JESUS CHRIST comme ton Seigneur et Sauveur personnel et tu verras que ta vie ne sera plus la même à tel enseigne que les personnes qui ont été dans le temps jadis les acteurs de ton Humiliation seront aujourd'hui les spectateurs de ton élévation et que tu sois aussi un puissant sujet de témoignage pour ta communauté, ta nation et même pour le monde entier.

En effet, cher(e)s étudiant(e)s la vision qui enflamme ton cœur aujourd'hui ne vient pas de toi mais de DIEU, il l'a déjà accompli dans l'éternité ; il l'a aussi déjà accompli dans le domaine invisible puis, il met cette image invisible et spirituelle dans ton esprit en te demandant de la matérialiser.

Il y a deux lois universelles de succès en tant qu'étudiant qui pourront chalenger ta mentalité et qui pourront considérablement modifiés ta façon de voir le monde, et je suis convaincu qu'il en sera de même pour tous ceux ou toutes celles qui lisent ce livre. La première d'entre elle est la loi de l'attraction, celle-ci stipule que dans la vie vous attirez les circonstances et les personnes qui sont en harmonie avec vos pensées dominantes, vos émotions et vos sentiments ; Autrement dit, vous êtes comme un aiment et vous attirez naturellement à vous ce que vous êtes à l'intérieur. Un proverbe très connu l'exprime en ces mots : « Qui se ressemble, s'assemble » ; cette loi s'avère vrai dans tous les domaines de la vie. Dans les relations humaines il a été sociologiquement constaté que les personnes émotionnellement brisée ont tendance à attirer à elles d'autres personnes qui viennent aggraver leur état initial ainsi les personnes remplient du sentiment de rejet ont tendance à faire fuir les personnes épanouies, en somme, certaine personnes attirent de bonnes choses et d'autres les repoussent.

La deuxième loi est la loi des correspondances, celle-ci stipule simplement que votre monde extérieur n'est que le reflet de votre monde intérieur ; il est impossible de changer votre monde extérieur si vous ne changez pas votre monde intérieur ; vous pouvez temporairement porter un masque à l'intérieur de vous et faire semblant que vous êtes une autre personne mais cela ne durera pas longtemps car la loi des correspondances vous rattrapera. Les lois sont immuables, vous pouvez les constater mais vous ne pouvez pas les contester ; cher(e)s étudiant(e)s, si vous voulez que ça change à l'extérieur, c'est-à-dire, si vous voulez évoluer dans vos études ; il va falloir changer à l'intérieur ; si vous voulez devenir un héros dans votre domaine d'apprentissage, vous devez cesser celle que vous n'êtes pas ; vous devez commencer par changer votre perception de vous-même, un auteur célèbre Chrétien du nom de **pasteur Yvan Castanou** a dit : « ce que vous percevez agit directement sur ce que vous concevez, ce que vous concevez détermine ce que vous croyez et ce que vous croyez affecte ce que vous recevez dans la vie ». Sur la route qui mène à l'accomplissement personnelle, vous commencerez d'emblée par corriger la perception que vous avez de vous-même et du monde autour de vous ce que l'on appel en Psychologie l'image de soi.

En outre, Il est démontré aujourd'hui que ce qui compte dans la vie n'est pas le QI (le Quotient Intellectuel) mais le QE (Quotient Emotionnel). Le quotient émotionnel s'attache beaucoup plus à mesurer les facteurs de réussite tels que l'estime de soi, la confiance en soi, la capacité à développer des relations interpersonnelles, la capacité à être focaliser, diligent, discipliné dans les études. Certaines études aux Etats-Unis ont révélées que le quotient émotionnel compte pour au moins 80% dans la réussite d'un individu tant au niveau Estudiantin que dans la vie de tous les jours.

La réussite dans les études est quelque chose que vous attirez par la qualité de la personne que vous devenez en CHRIST, elle ne doit pas être poursuivie mais attirée et, il est temps de comprendre que nous ne choisissons pas l'échec ou la réussite dans la vie mais nous développons des mentalités et des actes que nous posons toujours qui vont déterminer notre réussite ou notre échec. Ce livre vous montre comment transformer votre monde intérieur en tant qu'étudiant, c'est-à-dire à renverser la mentalité de perdant, l'absence de responsabilités, le rejet, le sentiment d'échec, la peur, les complexes ; plus loin, je vais vous emmener dans ce livre à acquérir la bonne attitude en tant qu'étudiant et à développer les bonnes habitudes qui vont vous mener sur le chemin de l'accomplissement personnel et de la réussite en toutes choses.

Puissiez-vous changer de dimension dans vos études ? Et initier le processus qui permet de passer de la stabilité au succès et du succès à l'impact. Souvenez-vous, votre famille, votre région, votre pays, votre continent, l'humanité toute entière attend avec un ardent désir votre émergence, votre manifestation, le champion qui est enfouille en vous et, peut-importe l'endroit où la vie vous a déposée, peut-importe le nombre de talent que vous possédez, peut-importe le nombre de fois que vous aviez échoué dans vos études, peut-importe ce que les hommes ont dit que rien de bon ne pouvait provenir de vous, Sachez que tout est possible.

II) Comment Corriger sa perception en tant qu'étudiant ?

Le **pasteur Yvan Castanou** a dit en ces termes et je cite :
« Changer votre perception, tout commence par-là. La bataille de l'image est la plus acharnée de toutes les batailles depuis que le monde est monde car Tout ce qui entre en vous correspond à tout ce qui sort de vous et, c'est ce qui détermine vos actions. Les professionnels du Marketing ont bien compris ce principe et essais en permanence et avec beaucoup de succès de captiver notre attention en nous bombardant par toutes sortes d'images, de clichés qui sont emmagasinées dans la bibliothèque de notre subconscient, c'est-à-dire dans notre esprit. Votre manière de vous voir détermine certainement ce que vous êtes aujourd'hui mais cela ne reflète absolument pas votre vraie nature, votre véritable identité, vous n'êtes pas ce que vous croyez êtes car le vrai vous est doté d'une intelligence surnaturelle et particulière, le faux vous est peut-être ce que vous êtes aujourd'hui, c'est-à-dire le manque de confiance en soi, de complexe ou encore d'infériorité, une chose est certaine car votre estime personnel est le fondement de votre vie. Votre manière de voir le monde dépend de l'image que vous avez de vous-même, votre manière de vous vêtir, de parler, de vous comporter, vos ambitions, vos craintes, votre vision, vos choix, les études de votre carrière professionnel, dépendent de la manière dont vous vous voyez. Un psychologue américain a déclaré : « ce qui retient notre attention est ce qui déterminera nos actions » car la pensée et l'action sont étroitement liées.

En réalité, vous n'êtes pas né avec cette image que vous avez de vous-mêmes aujourd'hui, elle s'est construite progressivement en vous depuis votre enfance, comment ? A partir de ce que vous aviez entendu régulièrement de ce que vous aviez vu et de ce que vous aviez vécu ; les choses que nous voyons, vivons et entendons sont tous analysées par le cerveau humain sous forme d'images ; exemple : Lorsque je vous dis boire, vous ne comprenez cette expression que lorsque vous vous imaginez une personne entrain de boire.

Les paroles que nous entendons construisent en nous des images ou encore des photographies. Nos expériences, performances, échecs ou succès ont tendance à modifier notre perception de nous-mêmes. Toutes les paroles négatives ont pour enjeu d'hypothéquer la perception de soi. Vous ont-ils appelé échec scolaire par votre apparence ou encore par votre handicap physique? Même s'il s'agit d'une opinion frivole, il est bien évidement normale qu'à l'intérieur de vous, vous aviez été affecté car, chaque fois que vous acceptiez une pensée négative de vous-mêmes, vous devenez la personne que vous ne devez pas être.

« Je veux que vous puissiez bien comprendre ceci, les paroles que vous vous dites à vous-mêmes sont très puissantes et déterminantes pour la suite de votre formation scolaire, ce que les autres disent de vous n'auront de l'impact sur vous que si et seulement si vous désirez l'accepter. »

En outre, Le processus d'accouchement d'une vision ne se fait pas sans douleur, il y a un prix à payer et laissez-moi vous dire si vous n'êtes pas disposés à payer le prix pour réussir, l'échec a aussi un prix encore plus couteux que celui de la réussite. Vous avez deux chois dans la vie, soit vous vous amusez et maintenant vous payez plus-tard ou soit vous payez maintenant et vous vous amuserez plus-tard mais dans les deux cas, dans tous les cas, la vie vous réclamera son dû. Ceux qui ne veulent pas payer le prix, finissent frustrés, angoissés, envieux, jaloux.

« De plus, Le principe immuable de ta réussite dans tes études et tes activités professionnelles sera toujours fonction ou proportionnelle au niveau de foi que tu auras en DIEU ; Mieux, **Honorer tes parents, tes ainés tant au niveau professionnel qu'au niveau estudiantin te conduira ipso facto à une dimension d'élévation** » Il est donc très important et même extrêmement important de faire attention à ce que vous croyez dans la vie ; si vous croyez que le manque de diplôme est un frein à votre épanouissement professionnel, il vous sera fait selon votre foi, si vous croyez que vous n'y arriverez pas, il vous sera fait selon votre foi ; Faite attention à ce que vous croyez, Faite attention à ce que vous acceptez de croire. « La clé de la réussite ou de l'échec dans vos études se trouve en effet dans les actes que vous posez au quotidien, c'est-à-dire dans vos habitudes » ; Il y a quelques choses que vous faites régulièrement qui vous permet de dire en avance si vous allez réussir ou échouer; La réussite ou l'échec dans les études sont prévisibles, ils ne dépendent absolument pas du hasard, un champion ne devient pas un champion sur le terrain mais à l'entrainement. « Le terrain ne fait pas l'étudiant champion mais le révèle simplement au grand jour. »

Pour revenir à votre modèle original, vous allez devoir vous débarrasser de certaines mentalités, habitudes et pratiques qui vous limitent et vous affectent afin de faire sortir en vous le champion qui sommeille. « Les personnes qui libèrent leur potentiel tant au niveau estudiantin que dans la vie de chaque jour présentent toutes les mêmes caractéristiques de gagnants » Pour y arriver, vous allez aussi devoir premièrement rejeter tous sentiments et émotions négatives qui maintiens la plupart des gens au sol à savoir l'échec, la peur etc.

« Aussi, vous allez devoir développer la mentalité de gagnant qui caractérises les personnes qui libèrent leur potentiel, vous allez devoir appliquer les principes d'impact et de leadership qui vous permettront de découvrir et d'accomplir beaucoup de choses dans votre domaine d'étude et de faire assoir une grande différence dans votre environnement d'étude. Pour réussir ses études, il est important pour toi qui lit mon livre de te débarrasser de tous les sentiments négatifs et de rejets qui te maintient quotidiennement au sol et, par l'aide du SEIGNEUR JESUS CHRIST tu y arriveras »

« L'élément le plus crucial dans la vie d'un étudiant est la peur », peur d'échouer en son examen, son concours... Comment vaincre la peur ?

« La peur est l'une des armes redoutables qui paralysent et avorte la destinée de grands étudiants, penseurs, scientifiques et chercheurs » et enfant de DIEU ; c'est l'une des armes d'échecs dans nos sociétés ; les deux formes de peurs les plus redoutables sont la peur du rejet et la peur de l'échec. En effet, la peur du rejet vous conduit à ne pas essayer à vous conformer à la pensée populaire et à ne jamais vous démarquer des autres dans vos études, elle vous pousse à devenir une photocopie des autres ; cette peur du rejet s'exprime par les questions suivantes : Que vont-ils penser de moi ? Et s'il ne m'approuvait pas ? La peur de l'échec quant à elle vous conduit surtout à ne pas prendre de risques. « Vous voulez changer ? Aller plus loin dans les études ? Mais la question suivante vous revient sans cesse dans votre esprit ; qu'est-ce qui prouve que tu réussiras cette fois-ci à ton examen, concours ou test ? Ou encore et si ça ne marchait pas ? » La peur vous pousse constamment à remettre au lendemain ce que vous devriez faire aujourd'hui, vous auriez toujours une excuse derrière laquelle vous vous cachez pour justifier votre peur. En effet, à chaque fois que vous aviez peur, cela signifie qu'il y a quelque chose que vous ne comprenez pas, vous ne voyez pas ; la peur provient de l'ignorance. »

III) **Voici quelques étapes pour être libérer de la peur (peur d'échouer dans ses études)** :

Ne vous laissez pas conquérir par la peur ; soyeux victorieux et non victime de votre peur en ayant votre regard fixé sur DIEU ; remémorer vous et compter vos succès passé et Attendez-vous à remporter la victoire.

En outre, en tant qu'étudiant, établissez une vision clair de votre parcours et votre devenir sur la base de la parole de DIEU, ne vous laissez pas intimider par satan et, ayez confiance en vous, soyez discipliné, diligent puis rechercher enfin toujours le moyen de mieux faire et le SEIGNEUR JESUS CHRIST qui est juste vous récompensera.

Quelques sois vos échecs passés, cessé de vous apitoyer sur vous-mêmes et décidez de changer votre perception de vous-mêmes ; faite plutôt de vos échecs un tremplin vers le succès ; retenez bien ceci, personne à l'exception de vous-mêmes ne peut vous empêcher de devenir la personne que vous devriez être.

IV) Comment apprivoiser l'anxiété et mieux réussir ses études ?

Ne vous est-il jamais arrivé de stresser à l'aube de franchir la porte de la salle d'examen ? Au moins une fois ... Pour ne pas que le stress ne se transforme en grosse panique ; voici quelques méthodes simples et efficaces qui vous aideront.

1) Prenez en charge vos émotions :

Le stress naît souvent de la peur de l'inconnu, du sentiment que l'on ne maîtrise pas son devenir. Or si vous ne pouvez pas prédire votre résultat final, vous restez en revanche maître de tout le temps de préparation. Il est donc important de connaître le calendrier de l'examen / concours ainsi que le détail des épreuves. Cela vous permettra d'établir un planning de vos mois de révisions, afin de consacrer le temps nécessaire à chaque épreuve.

Vous pouvez aussi réaliser un programme détaillé pour chaque semaine –notamment pour varier les matières, intégrer les temps de pause mais tout en gardant une certaine souplesse afin de passer plus de temps, si besoin, sur celles où vous avez le plus de mal. Cela vous évitera ainsi de faire des impasses ou de toujours remettre au lendemain. Surtout cela vous donnera le sentiment que vous avez mis toutes les chances de votre côté pour réussir.

2) Branchez-vous sur les bonnes ondes :

Heureusement, autant nous sommes sensibles aux pensées négatives (peur de l'échec, de l'éviction, découragement...), autant nous le sommes aussi aux pensées positives ! Une musique qui vous donne la pêche, une odeur que vous aimez particulièrement, des **souvenirs** de réussite, une **citation** qui vous booste... Autant de petites choses qui constitueront une sorte de divertissement dans laquelle piocher dès que vous en aurez besoin.

3) Prenez soin de vous :

Non, vous n'êtes pas juste une tête pensante ! Les révisions sollicitent aussi votre corps, voilà pourquoi il est important d'en prendre soin. **Premier élément à combattre : la fatigue, véritable accélérateur de stress**. Vous devez donc veiller à dormir suffisamment. Et là il ne s'agit pas forcément de se coucher tous les soirs à 21h mais de trouver le bon rythme, quitte à dormir moins la nuit et compenser par une sieste en journée si cela vous convient mieux.
Prendre soin de son corps c'est aussi le nourrir correctement. Misez sur les aliments qui vous apportent des vitamines et les sucres lents, plutôt que sur les fast-foods qui vont peser sur votre digestion. Enfin, sortez, oxygénez-vous, et bougez-vous ! Footing, natation, tennis, basket, vélo : optez pour le sport qui vous fait le plus plaisir. Et si vous n'êtes pas très sportif, contenez-vous d'une promenade de 20 à 30 minutes par jour. Un excellent moyen de recharger ses batteries, de se défouler en pensant à autre chose, d'éviter les insomnies...

4) Sois toi-même :

Combien d'entre nous n'ont – il jamais voulu jouer un autre rôle qui ne les correspondait pas ? Moi le premier. Je vais vous raconter une histoire : Lorsque j'étais au collège et au lycée, j'aimais imiter les autres dans tout ce qu'ils faisaient. J'imitais leur style vestimentaire, leur manière de marcher, leur manière de parler et toutes ces choses. J'agissais ainsi parce que je ne connaissais pas vraiment ma propre identité et je me disais que si j'agis comme eux, je deviendrai populaire dans tout l'établissement, j'aurai beaucoup de copines et tout le monde portera un regard sur moi…Mais devinez quoi ? Ça n'a pas marché et cela a duré jusqu'au jour où j'ai connu Jésus. Et depuis ce jour-là il est devenu mon modèle par excellence. Savez-vous réellement qui vous êtes ? Parce que tant que vous ne saurez pas réellement votre identité, vous allez copier les autres, vous allez même faire des choses qui ne vous correspondent. Sois toi-même veut dire « Sois chrétien en tout temps. »

5) La « Positive attitude » :

Vous devez identifier la source de stress et vous demander si votre réaction est adaptée à la situation ou si elle est exagérée.
On se fait souvent une montagne d'un rien dans un élan négatif. Le mieux est de positiver et de ne pas se laisser submerger en faisant face à la tâche qui vous est assignée. Dédramatisez et faites la différence entre les problèmes graves et les petits tracas du quotidien. En étant optimiste dans vos études et vous verrez que vous serez en possession de tous vos moyens pour affronter vos missions quotidiennes.

6) Organisez-vous :

En tant Qu'étudiant, Même si la vie est faite d'imprévus, mettez toutes les chances de votre côté pour éviter le « *stress de dernière minute* ». Une bonne gestion du temps ne vous sera que bénéfique. Notez clairement toutes les choses importantes à faire dans un agenda, faites-vous des listes quotidiennes par ordre d'importance et barrez les tâches au fur et à mesure, cela donne l'impression d'avancer et de ne rien oublier.

7) Évacuez les tensions :

Décompressez et faites-vous plaisir avant tout ! Vous êtes à bout ? Ne vous laissez pas envahir par les tensions, libérez-vous et exprimez vos sentiments, qu'ils soient positifs ou négatifs. Ménagez-vous des moments de détente pour oublier vos soucis en vous faisant plaisir : lire un bon livre, écouter une musique que vous aimez, prendre un bain chaud, se laisser aller au cocooning, faire les boutiques... Et riez ! Autant d'activités qui permettent de faire le vide et prendre du recul sur les contrariétés

8) Une bonne hygiène de vie est indispensable :

D'ailleurs, gérer son stress passe aussi par une vie saine. L'alimentation doit être équilibrée : on ne vous le dira jamais assez, il faut consommer au moins 4 fruits et légumes, boire 1,5 L d'eau par jour et ne pas sauter de repas pour couvrir toutes les dépenses énergétiques (une femme doit consommer en moyenne de 2 000 à 2 500 calories / jour et pour un homme de 2 500 à 3 000 calories / jour). Pendant les périodes de stress intense, les réserves de magnésium s'épuisent et nous devenons nerveux et irritables. Il représente cependant un élément au bon fonctionnement du cerveau et du système nerveux et l'apport journalier recommandé est de 500 mg. On en trouve dans le pain complet, les céréales, le chocolat noir, les bananes, les fruits secs (amandes, noisettes..), les légumes secs... Il est conseillé d'éviter les excitants comme le tabac, l'alcool, le thé, le café et les excès de sucres qui, même s'ils ont un côté réconfortant et stimulant, ne font que vous transformer en boule de nerfs infernale.

9) Un peu de sport pour se détendre :

Pour évacuer le stress, rien de mieux que de faire du sport. Cela permet de canaliser votre énergie, de penser à autre chose et de vous centrer sur votre corps. Après une séance de sport, vous vous sentirez détendu grâce aux endorphines (hormones du plaisir) libérées pendant l'effort. Vous pouvez pratiquer n'importe quel sport, sachant que les disciplines les plus courantes et les plus simples à pratiquer sont la marche et la course à pied, la natation, le vélo, le fitness...

10) Une balade en pleine nature :

Une balade en pleine nature (ou espaces verts) vous sera tout aussi bénéfique pour profiter de l'essence des arbres, du calme de la nature, du chant des oiseaux... pour un retour aux sources où puiser de l'énergie en harmonie avec les éléments de façon quelque peu bucolique. Le soleil est aussi l'allié de votre moral car ses rayons aident notamment à la synthèse de la mélanine, une hormone de la bonne humeur.

V) Comment vaincre la procrastination ?

La procrastination est l'habitude de reporter inutilement à plus tard des tâches ou des activités. Cette habitude peut avoir des conséquences négatives sur vos résultats scolaires, mais aussi sur la qualité de votre formation et sur votre bien-être. En effet, remettre à plus tard de façon excessive provoque habituellement de l'anxiété, de la culpabilité et un tas de problèmes inutiles. Il est possible de vaincre cette habitude en analysant bien les causes de la procrastination et en développant des attitudes et des comportements anti-procrastination.

1) Pourquoi je remets à plus tard ?

Essayez d'identifier vos raisons de remettre à plus tard lorsque vous prévoyez travailler. Est-ce du stress, de l'ennui, du découragement, une sous-estimation du temps requis? Bien identifier vos prétextes vous permettra de prendre conscience plus facilement que vous passez en mode procrastination. Plusieurs raisons peuvent provoquer la procrastination;

EXEMPLES DE PRÉTEXTES:

- Je ne suis pas «dedans», je serai plus en forme demain...
- Il me reste beaucoup de temps, je le ferai demain...
- J'ai des choses plus pressantes...
- C'est vraiment ennuyant, je vais faire autre chose...
- Ça ne sert à rien cet exercice...

2) Les pensées toxiques à la poubelle :

Vous savez que la plupart de vos prétextes pour remettre à plus tard ne tiennent pas lorsqu'ils sont opposés aux faits. Lorsque vos prétextes habituels arrivent à votre esprit, remettez-les en question en les opposant aux faits. Personne d'autre ne peut le faire à votre place. En ce sens, attention avant de douter de vous et ainsi prédire votre échec. Les prédictions ne sont pas des faits!

EXEMPLES DE PRÉTEXTES :

J'AI ENCORE BEAUCOUP DE TEMPS.
Regardez si cette idée a été confirmée par le passé. Faites face à cette pensée en analysant sérieusement votre emploi du temps et le nombre réel d'heures requises pour réaliser un bon travail.

3) Pourquoi j'étudierai ?

Comme nous l'avons vu précédemment, lorsque vous remettez au lendemain, vous avez habituellement en tête différentes raisons pour lesquelles vous ne feriez pas le travail. C'est pourquoi il est primordial de revenir sur vos motivations, vos aspirations, vos projets reliés au travail que vous allez faire, et ce, avant de remettre à plus tard. S'il n'y a aucune bonne raison d'étudier dans votre esprit, mis à part le fameux «parce qu'il le faut», alors pourquoi se mettre à la tâche? Parce que le temps passé à travailler aujourd'hui est un pas vers l'atteinte de vos objectifs.

EXERCICE : POURQUOI J'ETUDIERAIS ?

Mettez rapidement sur papier les raisons pour lesquelles il serait bien de vous y mettre. Affichez cette liste à votre endroit de travail. Revenez sur cette liste, lorsque vous avez le goût de remettre au lendemain.

Exemples de raisons à court terme: augmentation des résultats, diminution du stress à la fin de la session, amélioration des connaissances, diminution des préoccupations pendant mes loisirs, meilleure qualité du travail, fierté une fois l'objectif de travail atteint, etc.

Exemples de raisons à long terme: meilleure compétence comme professionnel ou professionnelle, formation complétée avec fierté, atteinte d'un objectif professionnel qui vous tient à cœur, etc. Il y a certainement des raisons pour lesquelles vous êtes dans tel ou tel programme, pensez-y!

L'important est d'identifier vos raisons personnelles et non celles de vos amis et amies, de vos parents ou autres. De plus, regardez les raisons à court terme (ex.: la fierté après l'atteinte d'un petit objectif) et à long terme (ex.: compétence comme professionnel ou professionnelle).

4) Petit train va loin :

Plusieurs adeptes de la procrastination ont l'habitude de viser de très gros objectifs de travail, puisqu'ils sont habitués aux marathons d'étude de dernière minute. Lorsque vous avez de l'avance, il est préférable de planifier de petits objectifs de travail entrecoupés de pauses. Plus vous avez de la difficulté à vous y mettre, plus vous diminuez votre objectif. Il n'est pas rare que certains étudiants ou étudiantes commencent par des objectifs de 15 minutes afin de réussir à s'y mettre. Les petits succès amènent d'autres succès plus importants et permettent de travailler plus régulièrement.

5) Des objectifs clairs !

Ce soir je vais travailler... voilà un objectif de travail imprécis! Travailler quelle matière? Pendant combien de temps? Lire quelles pages, faire quels exercices? Des objectifs précis aident à vous mettre à la tâche.

6) Comment dire non aux offres alléchant ?

Plusieurs activités peuvent s'offrir à vous, souvent plus tentantes que de travailler dans certaines matières. Comment dire non? Si c'est un problème pour vous, l'établissement de périodes fixes pour l'étude pourrait vous aider. Lors de ces périodes, votre objectif sera de toujours dire non aux offres. De plus, avant de dire oui, donnez-vous un délai de réflexion de quelques minutes afin d'analyser les conséquences de ce oui et les possibilités de remettre l'activité à un moment ultérieur.

7) **Un peu de pression externe :**

Prenez des ententes avec des amis ou amies, des collègues. Informez une personne (superviseur ou superviseure, collègue de travail, amie ou ami, etc.) de votre plan de travail. Vous pouvez également informer cette personne de votre échéancier et prendre des ententes en ce sens, comme par exemple lui montrer le travail réalisé à la date convenue. Le travail en équipe peut également favoriser la mise à la tâche. Cependant, il faut habituellement qu'il y ait un travail individuel avant les rencontres.

8) Si étudier à la maison est un combat...

S'il y a trop d'activités attirantes chez vous (ordinateur, téléphone, télévision, roman, etc.), vous pouvez envisager un autre lieu de travail, ce qui pourrait faciliter votre mise à la tâche.

9) **Oui, mais je travaille mieux sous pression :**

Il est possible que le stress provoqué par le manque de temps permette une hausse de votre efficacité au travail. C'est une des raisons pour laquelle les adeptes de la procrastination se considèrent plus efficaces à la dernière minute. Cependant, il ne faut pas confondre rapidité d'exécution et travail de qualité. De plus, le travail que vous aurez réalisé un peu plus à l'avance vous permettra d'être moins stressé ou stressée, d'être mieux préparé et de profiter davantage des cours, et ce, même si vous n'arrivez pas à être aussi efficace que lorsque vous êtes en retard.

10) **Un petit cadeau pour vous féliciter :**

Lorsque vous avez atteint un objectif de travail (qui peut être petit au départ), récompensez-vous! Et, remercier DIEU.

« Toutes personnes qui veut la promotion aspirent en fait sans le savoir, à plus de problèmes corsés à résoudre, à plus d'offenses à supporter et à une nouvelle catégorie de démons à affronter. »

Pasteur Charles Arthur Kouassi.

Chapitre 3 : Ta vie estudiantine d'aujourd'hui peut-être est comparable à une flèche de chasse :

Le dimanche 14 Février 2021, le pasteur **PACÔME**, pasteur principal de l'église Vase d'Honneur Dakar (Sénégal) Assemblée DUNAMIS avait dit dans l'une de ses prédications et je cite : « Etant Chrétien, notre marche avec DIEU sera tantôt enjolivée de moments pénibles (difficiles) ; ces moments d'épreuves sont justes des items que le SEIGNEUR JESUS CHRIST a mis en place afin de nous fait passer par son école » de plus, ce qui avait tiré plus mon attention était ses propos suivants : « Je veux t'annoncer toi qui m'écoute, sache que DIEU ne t'a pas oublié, en fait, si tu vois que ta vie d'aujourd'hui semble être à un niveau bas, c'est que DIEU veut te faire passer par le brisement afin que tu fasses une introspection personnelle puis, muer ta manière de faire les choses et tu verras qu'à la sortir de cette épreuve que tu traverses aujourd'hui, tu seras un sujet de témoignage demain. Remarquer, lorsqu'un chasseur veut atteindre sa cible (un animal) via son arme **(flèche)**, il prend le temps de bien tirer la **flèche en arrière** afin de lui donner une bonne vitesse selon la trajectoire qu'elle va suivre » Son interprétation était la suivante : «Le fait de tirer la flèche en arrière représente en effet les étapes de ta formation à l'école de DIEU, c'est-à-dire, les épreuves que tu traverses aujourd'hui à tel enseigne que lorsqu'il décidera de te bénir, cette bénédiction ne s'en suivra d'aucun chagrin ; la bénédiction dont je fais allusion représente en effet l'animal atteint par le chasseur ».

Par ses propos, je veux te dire toi qui li ce livre que tout est gérer par DIEU. Souvent il arrivera dans ton parcours scolaire que plusieurs se gaussent de toi parce que tu as sois faibli dans une matière ou soit, malgré t'être mis profondément à l'étude, tu échoues ton examen mais laisse-moi humblement te dire que DIEU est un espère en **camouflage** car si lui-même a permis cela c'est qu'il y a une leçon de la vie Chrétienne qu'il veut que tu mettre impérativement en pratique et tu verras que tout ira bien ! Laisse les gens se baliverner de toi ; cependant concentre toi sur l'essentiel c'est-à-dire sur tes études tout en vivant une vie de sanctification et de piété et en respectant les maximes de la parole de DIEU et tu seras un gros sujet de témoignage.

« DIEU cache toujours sa gloire dans les épreuves et la difficulté. Le plus important dans la vie n'est pas de chercher à savoir qui est contre nous mais de savoir réellement est-ce que DIEU est avec vous. »

KOUAKOU N'DA YAO ELIEZER.

Chapitre 4 : DIEU s'intéresse-t-il à mes études ?

I) *Amorçons ce chapitre avec* l'article d'Eva, tout juste 22 ans !

« Ce mois-ci, c'est mon anniversaire, je fête mes 22 ans et je suis encore étudiante.

Depuis toute petite, j'ai prévu de faire de grandes choses, de faire pousser des arbres et de cultiver des sourires. Je veux préparer un métier sensationnel, stimulant qui honore Dieu. J'ai donc appris à préparer tout cela, pas à pas, avec patience. Un petit peu d'eau chaque jour et des années d'attente. La petite tige devient un tronc qui bientôt aura des feuilles. Et un jour, du fruit apparaîtra. Pourtant après 22 ans sur terre, je me demande parfois où sont ces fruits. J'ai l'impression de passer tout mon temps à étudier et jamais à avancer concrètement dans mes projets.

Alors je patientais et me redisais qu'un jour je travaillerai pour Dieu et que j'aurai un vrai métier où je pourrai témoigner et aider mon prochain. Quand ce moment sera venu, je sais que je réjouirai le cœur de Dieu et je trouverai le vrai sens de ma vie terrestre.

Primaire, collège, lycée, université.... Les années ont passé, souvent bien vite et à l'aube de mes 22 ans, je suis toujours à faire des études. Pourtant, dans notre société de diplômes, à cet âge, ne pas travailler, c'est normal. Est-ce que Dieu m'attend avec impatience ? Quand est ce que je pourrai avoir le sentiment de faire avancer ses projets ? Dieu m'en veut il de perdre tout ce temps ?

Heureusement non ! On imagine bien trop souvent que le monde appartient aux grands en costume ou à ceux qui ont un métier influent. On pense que pour travailler pour Dieu, il faut un métier qui aide les autres ou qui permet de témoigner directement. En attendant, on est un adulte en devenir, on prépare ce qu'on sera plus tard.

Pourtant, Dieu pourrait-il nous laisser en attente pendant 10 ou 20 ans de notre petite existence ? Bien sûr que non. Le servir se fait à chaque étape de notre vie. Et, être étudiant permet d'accomplir beaucoup de choses qu'on ne ferait pas autrement. C'est d'ailleurs pour cette raison que la **Rébellution** a été créée, pour permettre à des jeunes de se développer pleinement dans une société qui a de faibles attentes envers eux.

Être étudiant n'est pas la parenthèse avant de vivre une vraie vie, mais déjà l'occasion de travailler pour et avec Dieu ! Alors, même si tu as l'impression de ne pas les voir, tu portes déjà beaucoup de fruits quand tu décides de ressembler à Jésus à chaque instant. La vie terrestre est courte et il t'appelle à optimiser toutes les étapes de ta vie!

Tout ce que vous faites, faites le de bon cœur, comme pour le Seigneur. *Colossiens 3.23* ».

Plusieurs ayant connu Jésus-Christ, ont décidé d'abandonner leurs études sous prétexte de ne plus vouloir bénéficier du système éducatif que leur sert ce « **monde** » qui a renié leur Seigneur. Ainsi, associent-ils les études au mal, à l'orgueil de la vie, à la vanité, bref à tout ce qui déshonore Dieu. La plupart prenne l'exemple de Moïse pour justifier ce choix.
En effet, Moïse a été instruit dans toute la science des Egyptiens pendant quarante ans, et le fait « **qu'il devint un homme dont la parole et les actions avaient des effets remarquables** », ne l'a pas qualifié pour le service de Dieu (**Cf. Actes 7**). Il a dû passer quarante autres années comme berger dans le Pays de Madian, à l'école de Dieu, se dépouillant ainsi de tout l'orgueil qu'il avait reçu de son éducation au pays Egypte. C'est alors qu'il a été enrôlé dans son grand ministère, celui de délivrer le peuple d'Israël de son bourreau l'Egypte et ensuite de le conduire à travers le désert vers la terre promise.
Si nous nous en tenons à cet exemple, nous pourrions être tentés de conclure que les études sont en réalité une autre arme du diable, pour éloigner les hommes loin de la pensée de Dieu à leur endroit. Mais ce serait une conclusion prise à la hâte.

S'il est vrai que faire ou ne pas faire des études n'empêche en aucun cas Dieu d'accomplir Ses plans dans la vie de Ses enfants, il n'en demeure pas moins vrai qu'à travers l'éducation qu'ont reçue Ses enfants dans le monde, Dieu accomplit Ses plans d'amour envers l'humanité. De ce fait, je peux affirmer que Dieu s'intéresse à nos études. Oui Il s'intéresse au choix des filières académiques et socioprofessionnelles de Ses enfants. Il s'intéresse même au rendement de nos études et mieux, Il s'intéresse aux débouchés futurs. C'est pourquoi Sa volonté dans cet aspect de notre vie doit être préalablement requise.

Jean 17. 15-17 (Darby) « Je ne fais pas la demande que Tu les ôtes du monde, mais que Tu les gardes du mal. Ils ne sont pas du monde, comme Je ne suis pas du monde. Sanctifie-les par la vérité; Ta Parole est la vérité. »
Nous sommes des citoyens de la cité céleste en pèlerinage dans ce monde, dont son prince le diable (Cf. Jean 16.11 ; Éphésiens 2.2) a la mainmise sur tous les domaines d'activités, y compris le domaine éducatif. Par conséquent, pour user de ce monde, de son éducation, nous devons respecter certains principes à savoir:

II) Connaître la volonté de DIEU pour le choix d'une Orientation Scolaire :

« Seigneur que veux-Tu que fasse » (Cf. Actes 9.6) **?** Toujours demander la volonté de Dieu avant de se lancer dans une entreprise devrait être un réflexe pour tous les croyants. Ce faisant, on s'éviterait des conséquences d'un chemin de propre volonté. Le choix d'une orientation éducative pouvant impacter de façon positive ou négative la mission d'un enfant de Dieu sur cette terre, il est donc nécessaire de rechercher la pensée de Dieu dans ce domaine de notre vie.
Si nous avons alors le *« feu vert »* de notre Dieu par rapport à une orientation éducative, nous avons l'obligation de nous appliquer et de nous soumettre à ces programmes scolaires, dans la limite où ils ne blasphèment pas la Parole de Dieu. Tout doit être consommé et sanctifié sur la base de la Parole. C'est pour cela que le chrétien doit premièrement connaître la pensée de Dieu et être à l'écoute du Saint-Esprit pour détecter toutes les ruses du diable dans les programmes scolaires que lui offre le monde.

III) Ne pas s'arrimer aux standards du monde :

Romains 12 :2 (Darby) « ne vous conformez pas au siècle présent... »
Les fils de ce siècle, font des choix éducatifs et professionnels en fonction des richesses matérielles ou de la gloire que cela peut produire. Ça ne devrait pas être le cas pour un enfant de Dieu.

Les choix d'une filière ou d'une carrière professionnelle ne devraient en aucun cas être motivés par des intérêts terrestres, voire charnels. Notre Seigneur nous y met en garde et nous avertis de ne pas **« amasser des trésors sur la terre, où la teigne et la rouille gâtent, et où les voleurs percent et dérobent »** (Matthieu 6 :19), car ceci pourrait avoir pour conséquence, le refroidissement spirituel d'une âme rachetée pour Christ, qui alors aura du mal à porter des fruits pour Sa gloire.
Nous avons malheureusement ce genre de cas dans la maison de Dieu. Ces chrétiens qui par leurs orientations académiques et professionnelles ont recherché les richesses et la gloire de ce monde, et les ont eues. Mais se sont compromis dans bien de domaines et ont désormais honte de brandir leur drapeau céleste aux yeux du monde.

Matthieu 6 :21 (LSG) « Là où est ton trésor, la sera aussi ton cœur. »
Si ton trésor c'est le Seigneur Jésus, ton désir sera de gagner plus d'âmes pour Lui à travers ton orientation scolaire. Tu auras des standards élevés dont le monde n'est pas digne, mais qui ont un grand prix aux yeux de Dieu.

IV) Tenir compte de ses talents et dons pour une bonne orientation Scolaire :

Ephésiens 4 :11 (Darby) « et Lui, a donné les uns comme apôtres, les autres, comme prophètes, les autres comme évangélistes, les autres comme pasteurs et docteurs; en vue de la perfection des saints, pour l'œuvre du service, pour l'édification du corps de Christ. »
Faire un choix académique et professionnel en fonction de ses aptitudes dans un domaine particulier peut être un atout considérable pour un enfant de Dieu. Ainsi, ajouter au don ou au talent de l'intelligence pour bien l'utiliser, pourrait éviter de l'énergie partagée et accroître notre rendement dans notre ministère. Aussi, ceci évitera toutes compétitions dans le corps du Christ si chacun reconnaissait ses dons et ses talents et s'y dévouait sans tenir compte de l'apparent prestige d'un autre don ou talent que le nôtre.

Ainsi, le médecin par exemple qui soigne les corps malades, ne pourra pas se vanter d'être plus utile qu'un pasteur qui s'occupe des âmes. Parce qu'il aura compris que le gain n'est pas en termes de matériel, mais plutôt en terme spirituel. Et Dieu s'attend à ce que nous exercions et valorisions nos talents et dons pour Sa gloire.

Pour terminer, nous ne devrions pas négliger le fait que nos études sont importantes aux yeux de Dieu parce que grâce à elles, nous accédons au monde de l'emploi et avons un salaire qui nous est utile non seulement pour les besoins de l'Eglise, mais aussi pour nos propres besoins, parce que **« l'ouvrier mérite son salaire » (Cf. 1Timothée.5.18)** et notre Seigneur aime voir ses

enfants jouir des fruits de leur travail et Il se plait également à les bénir aussi à travers ce canal. Par ailleurs, les études permettent aux enfants de Dieu d'accéder à des sphères de grande responsabilité où le sort de la société se décide. Ils peuvent alors y manifester la Gloire de Dieu en s'opposant à ce qu'on engage la société dans des dérives.
Nous ne sommes pas tous appelés au sacerdoce et plusieurs sont appelés à rendre un ministère dans le séculier, et pour cela, il faut faire des études. Si donc le Seigneur ne nous donne pas un ordre exprès d'arrêter avec les études pour nous consacrer à une oeuvre particulière, nous sommes donc encouragés à étudier et à aimer les études. Mais nos choix devront avoir uniquement pour objectif, la gloire de Dieu. Amen !

Les études sont importantes dans la vie de tout homme. Il y a dans le cœur de tout(e) apprenant(e) ou candidat(e) le désir de réussir à ses études, à ses examens ou ses concours.
Mais ce qui manque la plupart du temps à ces apprenants, c'est la

méthode: la manière dont il faut organiser son travail. Les mauvais résultats scolaires en témoignent. Leurs causes se situent notamment dans la difficulté de mémorisation, les problèmes liés à la mauvaise gestion du temps, au manque de moyens et de confiance en Dieu, en soi... etc.
Il est important de prier Dieu le Tout-Puissant comme si le succès dépendait uniquement de lui et de travailler comme si le succès dépendait toi. Car c'est notre créateur qui nous donne l'intelligence. Cette petite plaquette aidera les apprenants à découvrir les secrets scolaires.

V) Les secrets de la réussite scolaire dans les classes intermédiaires :

Les clés de la réussite scolaire sont à rechercher en soi-même. Chacun doit avoir une vision. Par rapport à cette vision, il se définit un objectif précis de réussite. Par exemple: Passer en classe supérieure avec 12 de moyenne /20, pour réussir cette année avec brio après l'échec de l'année précédente.
Il faut alors élaborer un plan pour atteindre son objectif. Chaque apprenant doit faire son emploi du temps personnel en tenant compte de celui de son collège.
Il faut avoir confiance en soi-même. Car les obstacles peuvent surgir. Tu dois accepter de faire des sacrifices. Sois patient, persévérant parce que l'effort fait les forts.
Cette partie est subdivisée en deux sous-parties : l'organisation du travail de chaque jour et bien préparer ses devoirs et compositions.

1) L'organisation du travail de chaque jour :

Organiser son travail, relève de la discipline personnelle, il doit se faire avant, pendant et après les classes.

a- Le travail avant la classe :

L'apprenant doit connaître le type de mémoire qu'il possède. Ton type de mémoire affectera tes méthodes d'études. Il existe notamment la mémoire auditive (qui retient lorsqu'on parle) et visuelle (qui retient lorsqu'on voit).
Il faut que l'élève ou l'étudiant sache quel cours il va suivre. Il doit donc en effet préparer tout le matériel pour ce cours (cahier de cours, d'activités, livres d'accompagnement, manuel). En le faisant, il se prépare psychologiquement à ce cours et peut aussi chercher un ancien cahier de la matière et lire le ou les chapitre(s) avant d'aller en classe. Ne pense pas aux choses négatives. Par exemple : dire je ne vais rien comprendre de ce que le professeur va expliquer.

b- Le travail en classe :

Pendant les cours, il est important d'être concentré. Certains élèves ou étudiants, pendant les cours sont distraits (bavardent, se taquinent) ; cela n'est pas bon ! En effet, pendant que le professeur dicte le cours il est important de suivre ce qu'il dit afin que lorsque tu ne comprendras pas ce qu'il véhicule comme message, tu puisses ipso facto lui poser des questions pour une compréhension limpide et explicite.

c- Le travail après la classe :

Avant de dormir, il est vraiment important de lire tous les cours reçus en journée.
Après le dîner, prendre le cahier immédiatement et commence les différentes révisions. N'apprend les mathématiques ou la physique comme un cours d'histoire ou de géographie c'est dire couché sur le lit. Appends les mathématiques, un crayon en main, un brouillon à côté et le cours dans les mains ou sur la table. Exerce-toi en même temps en reprenant les exercices d'applications et les théorèmes ou les propriétés vues en classe. La meilleure position pour apprendre les cours, est celle de la classe (assise). Si tu prends une autre position, cela ne te facilitera pas l'assimilation. Il faut faire des recherches et traiter les épreuves des années antérieures qui ont trait à la situation d'apprentissage abordée.
Il faut savoir choisir des connaissances qui te permettront d'être parmi les plus polis et meilleurs du point de vue du travail et du sérieux en classe. Il faut former des groupes d'étude en tenant compte de la compétence de chacun dans les matières. Aux heures d'études, il faut étudier au lieu de parler de feuilleton ou d'autres choses.
Il te faut faire aussi des fiches de résumé dans chaque matière pour une assimilation plénière.

2) BIEN PREPARER TES DEVOIRS ET COMPOSITIONS :

Le censeur établit le planning des devoirs et compositions. Les dates des devoirs et compositions sont connues d'avance.
Il faille que tu te mettes à l'étude au jour le jour pour éviter d'être acculé au dernier moment ; Organiser tes révisions en priorisant les matières difficiles pour toi. Le jour des compositions, détends-toi en focalisant ton regard sur le SEIGNEUR JESUS CHRIST, ne pense à rien d'autres qu'aux épreuves en faisant ruminer de façon stratégique ce que tu avais étudié. Au début de chaque épreuve, prie Dieu pour qu'il t'inspire davantage. Lis attentivement et entièrement le sujet pour savoir ce que le professeur attend de toi; consacre plus du temps aux questions où le barème prévoit plus de points. Après avoir fini ta composition n'oublie pas de relire ton travail et fait-le après chaque épreuve puis, vérifie les orthographes, les différentes formulations…
Après chaque composition, n'hésite pas de prier Dieu afin que le professeur corrige bien tes copies ; puis, après obtention de tes notes, faire un point synoptique de ce qui a marché ou non et fixe-toi des objectifs afin de t'améliorer.

VI) Le secret de la réussite pour des personnes en classe d'examen :

Mon frère, ma sœur, tu réussiras à cet examen, car c'est ton avenir qui est engagé !

Tu as une chance extraordinaire, car le Seigneur Jésus est en toi et avec toi, mais attention ! Ne mets pas d'obstacle entre lui et toi (non aux fréquentations des voyants, sorciers …. Cela est en abomination aux yeux de DEU)

Le Seigneur te dit: **« fais ta part, prépare bien ton programme d'examen et lui, il fera sa part, il t'aidera parce qu'il t'aime. »**

Chacun de vous a un potentiel pour réussir à son examen. Ne doute pas de toi, tu as la possibilité de réussir avec l'aide de Dieu. Met toute ta confiance en Lui !

Dis-toi bien que par la grâce de Dieu et au Nom de Jésus, je vais réussir mon examen ! **Répète plusieurs fois** : « Par la grâce de Dieu et au Nom de Jésus, je réussirai à cet examen »

« Se focaliser sur DIEU et travailler pour lui dans le secret donne les choses de la terre. Etudier, c'est communiquer avec DIEU. »

KOUAKOU N'DA YAO ELIEZER.

Chapitre 5: Prie avec moi

Seigneur Jésus, je te rends grâce et je te bénis de m'avoir permis d'arriver à ce niveau d'études.

Pardonne-moi tous mes péchés, purifie-moi par ton précieux Sang. Merci Jésus pour ton salut que tu m'as accordé. Je veux garder ta Parole, et que mon esprit soit toujours en communion avec toi.

Par ton sacrifice sur la Croix et ton Sang versé, tu as fait de moi un enfant du Père, un enfant du Royaume.

Par l'autorité de ton Nom Jésus, et par la Puissance de l'Esprit-Saint, je détruis, j'anéantis tous les effets néfastes des sortilèges et des maléfices faits contre moi pour m'empêcher d'obtenir cet examen.

Seigneur Jésus, libère-moi de toute malédiction prononcée contre moi, et aussi de toute malédiction venant de mes péchés et des péchés de mes parents et ancêtres jusqu'à la 4ème génération.

Seigneur Jésus, je veux faire ta volonté car, sans toi, je ne peux rien faire ! Aide-moi Seigneur, guide-moi dans mes révisions, aide-moi à mémoriser tout ce que j'ai appris.

Je prends l'engagement devant toi de bien préparer mon examen, donne-moi ton Esprit d'intelligence.

Le jour de l'examen, enlève en moi toute angoisse, toute inquiétude et mets la paix, ta paix dans mon cœur.

Père, par ton Saint Esprit, donne-moi la grâce de mieux te connaître afin de mieux t'aimer et te servir. Merci Père Céleste, que ta bénédiction soit sur moi le jour de l'examen, et que ma réussite soit pour ta Gloire.

Je confesse et je proclame par ta grâce Père Céleste et au Nom de Jésus, que je réussirai à cet examen. Gloire soit à Toi. Amen, Alléluia !

« A chaque niveau de communion ou de relation avec DIEU correspond à un degré d'onction. »

KOUAKOU N'DA YAO ELIEZER.

PARTIE II :

Soit Motivé cher(e)s étudiant(e)s

Chapitre 1 : La Motivation

La rentrée scolaire et ses expériences stimulantes vous semblent bien loin derrière... L'attrait de la nouveauté (nouveau milieu, nouvelles personnes, nouveaux cours) s'est passablement dissipé. Dépassée l'euphorie du début; vous êtes en perte de vitesse... Vous pensiez pourtant avoir pris un bon élan! Apprendre prend du temps et de l'énergie. Pas toujours facile de maintenir votre motivation, de vous investir au quotidien, quand l'objectif que vous poursuivez est encore éloigné et vous paraît peut-être même hors d'atteinte.

I) Les indices de la démotivation :

- Indices physiques: fatigue, apathie.
- Indices émotionnels: culpabilité, ennui, frustration, découragement.
- Indices comportementaux: excuses pour ne pas étudier, absences aux cours, échecs.
- Indices cognitifs: baisse de concentration, difficulté de mémorisation.

Cependant, attention! L'étudiant motivé n'est pas libre de toute contrainte ni toujours satisfait de ses performances. Il peut aussi lui arriver de douter, d'avoir moins le goût d'étudier ou de ne pas se sentir à la hauteur. Il ne faut pas confondre être motivé (état qui pousse à agir vers l'atteinte d'un but qui a du sens) et être passionné (être animé, emballé pour quelque chose)! En d'autres mots, pas besoin d'être passionné pour être motivé!

II) Pour vous motiver : Quelques considérations :

Les périodes d'étude trop longues sont démotivantes, car vous avez alors tendance à travailler plus lentement et vous restez ainsi avec l'impression de ne pas avancer. Planifiez des périodes courtes mais fréquentes pour vous inciter à vous mettre à la tâche. La motivation vient avec le sentiment d'être productif ou productive.

- Définissez-vous des buts plus spécifiques et à plus court terme (ex.: fin de la session, fin de l'année scolaire). Votre comportement est beaucoup plus soumis au contrôle des conséquences à court terme (ex.: dire oui à une invitation de sortie) qu'à celles qui s'actualiseront dans un avenir lointain (ex.: obtenir son diplôme). Ce qui est satisfaisant dans l'immédiat peut entrer en conflit avec vos meilleurs intérêts pour l'avenir. Pour agir de manière conséquente avec les buts poursuivis, vous devez développer de l'autocontrôle au quotidien (prendre des mesures pour que les activités dont l'effet gratifiant est plus immédiat ne l'emportent pas toujours sur celles qui sont plus arides mais plus profitables à long terme). Tentez également de voir les effets positifs à court terme d'effectuer votre travail: satisfaction personnelle, diminution du stress, loisirs plus agréables, augmentation des notes, etc. Tentez de trouver d'autres bonnes raisons que «parce qu'il le faut»...
- Faites suivre vos efforts d'activités agréables. Ces activités en seront même plus satisfaisantes! Écouter la télévision toute la soirée est-il si emballant que cela en a l'air? Cela n'entraîne-t-il pas aussi un sentiment de déception et de culpabilité, une impression de ne pas progresser? Ces

activités sont plus plaisantes quand elles sont utilisées comme renforcement après avoir accompli certaines tâches.

- Ayez toujours en tête les raisons d'exécuter une tâche. Tentez d'entrevoir ce qu'elle vous permet d'acquérir sur le plan personnel, au-delà des exigences immédiates du professeur, ou encore de la réussite du cours: savoir établir et respecter vos priorités, gérer votre temps et planifier votre travail, apprendre à persister malgré les obstacles, développer des capacités de résolution de problèmes, etc. Ceci vaut particulièrement pour les tâches rebutantes: pratiquer votre patience, être débarrassé ou débarrassée, renforcer votre autodiscipline... Tentez d'adopter une vision large, surtout en début de formation, et ne rejetez pas une matière d'emblée parce que vous n'y voyez pas d'utilité immédiate évidente. Une attitude de rejet et de fermeture ne vous avancera à rien.
- On développe une aversion pour une discipline avant tout parce qu'on n'y réussit pas. Sortez du cercle vicieux: ne pas être intéressé à travailler parce que vous ne réussissez pas, mais ne pas avoir la satisfaction de réussir parce que vous n'êtes pas intéressé à travailler. Souvent, une telle attitude vous conduira à l'échec et à la reprise du cours, ce qui n'a rien de bien motivant. Sachez reconnaître si vous avez besoin de plus d'encadrement et consultez les ressources à votre disposition sur le campus.

« La Créativité et l'Invention qui viennent de DIEU apportent toujours un secours à ce que nous apprenons afin de nous permettre d'évoluer dans une gamme Supérieure et Constante. »

KOUAKOU N'DA YAO ELIEZER.

Chapitre 2 : 10 citations à ta guise

« Si vous êtes déterminé à devenir avocat, vous avez fait plus de la moitié du chemin … Sachez que votre volonté de réussir est plus importante que tout. »
ABRAHAM LINCOLN

« Les conditions essentielles pour réussir sont la patience et la certitude du succès »
DALE CARNEGIE

« Il n'y a pas de réussite facile ni d'échecs définitifs. »
MARCEL PROUST

« Dans le domaine des idées, tout dépend de l'enthousiasme. Dans le monde réel, tout repose sur la persévérance ».
-Johann Wolfgang von Goethe

« Le succès, c'est se promener d'échecs en échecs tout en restant motivé ».
-Winston Churchill

« Commencez maintenant, pas demain. Demain est une excuse de perdant ».
-Andrew Fashion

« La chose la plus précieuse que vous pouvez faire est une erreur. Vous ne pouvez rien apprendre en étant parfait ».
-Adam Osborne

« Prenez vos décisions en fonction d'où vous allez, pas en fonction d'où vous êtes ».
-James Arthur Ray

« La pensée positive vous permettra de tout faire d'une meilleure façon que la pensée négative ».
-Zig Zigla

« Je peux accepter l'échec, tout le monde échoue dans quelque chose. Mais je ne peux accepter de ne pas essayer ».
-Michael Jordan

Que tout l'honneur et la gloire revienne à notre Seigneur Jésus-Christ. Amen !!

Printed by Books on Demand GmbH, Norderstedt / Germany